So geht's:

Das Beispiel zeigt, wie du mit miniLÜK spielst. Die Übung findest du auf Seite 2 und 3. Öffne das miniLÜK®-Kontrollgerät und lege den durchsichtigen Boden des Kontrollgerätes auf die untere Übungsseite deines miniLÜK-Heftes.

Nimm Plättchen 1. und sieh dir Aufgabe 1 an. Hier siehst du einen Ranzen. Mit welchem Buchstaben beginnt das Wort? Suche den Anfangsbuchstaben „R“ auf der unteren Seite. Lege das Plättchen 1. auf das Feld mit dem Buchstaben „R“.

So spielst du weiter, bis alle 12 Plättchen auf dem durchsichtigen Teil des Kontrollgerätes liegen und keine Bilder mehr zu sehen sind. Schließe dann das Kontrollgerät und drehe es um. Wenn du nun das bei der Übung abgebildete Muster siehst, hast du alles richtig gemacht. Passen einige Plättchen nicht in das Muster, löst du diese Übungen noch einmal. Stimmt es jetzt?

Dann nun viel Spaß!

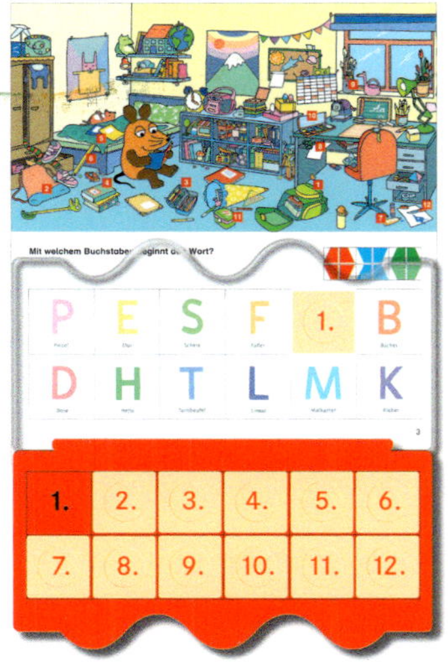

1
2
3
4
5
6
7
8
9
10
11
12
Aa

Mit welchem Buchstaben beginnt das Wort?

P Pinsel	E Etui	S Schere	F Füller	R Ranzen	B Bücher
D Dose	H Hefte	T Turnbeutel	L Lineal	M Malkasten	K Kleber

1 SATES
2 hafrard
3 nonse
4 MERULM
5 PFALE
6 BEROTOR
7 ISE
8 USMA
9 NEFRUD
10 NETE
11 Faßullb
12 LEFTAENZE

Welches Wort ergeben die einzelnen Buchstaben?

Fußball

APFEL

MURMEL

TASSE

MAUS

ELEFANT

FREUND

Sonne

EIS

ENTE

Fahrrad

ROBOTER

9 Schild
Kissen
3 Löwen
7 Baum
5 Feuer
Zahn
Burg
10 Fuß
Korb
1 Meer
Werk
Kröte
12 Sand
Schweinchen
Stern
Ball
Bahn
Haus
11 Stempel
Brot
6 See
8 Papier
4 Butter
2 Auto

Zusammengesetzte Wörter: Ordne die Bilder richtig zu!

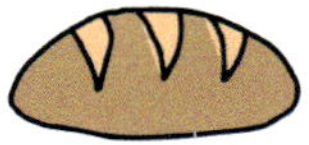 Butterbrot	 Meerschweinchen	 Seestern	 Autobahn	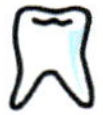 Löwenzahn	 Schildkröte
 Baumhaus	 Fußball	 Sandburg	 Papierkorb	 Feuerwerk	 Stempelkissen

10 Zweig
9 Zahn
2 Tasche
5 Hand
7 Zange
1 Katze
4 Glas
8 Locke
3 Kamm
11 Schuh
12 Stock
6 Baum

Finde das passende Reimwort!

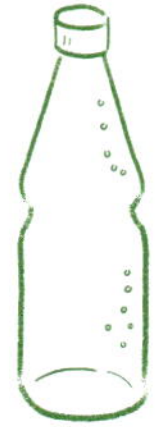
Flasche

Schaum

Glatze

Gras

Hahn

Lamm

Socke

Rock

Teig

Schlange

Kuh

Sand

2
Mau_
12
E___
10
E_e__nt
5
Gi_af_e
7
F_ie_e
3
T_ge_
8
A__e
9
__ei_e
6
I__I
1
Es_l
11
_elf__
4
_i_ch

Welche Buchstaben fehlen?

rf	Ams	s	ge	Fs	lfa
ir	Din	ff	nte	lg	e

TAkaMBRmtC
brrr
grr
waaa
123
1
2
3
4
5
6
7
8
9
10
11
12

Wie viele Buchstaben zählst du?

10	8	1	11	6	9
12	2	7	3	4	5

1
2
3
4
5
6
7
8
9
10
11
12
P
S

Wie viel davon befindet sich auf dem Tisch?
Ordne die Zahlwörter zu!

 sechs	 zwei	 sieben	 zehn	 eins	 fünf
 zwölf	 drei	 vier	 neun	 elf	 acht

Finde die fehlenden Zahlen!

12	7	10	3	2	11
4	6	5	8	9	1

8
142
12
1121
3
55
9
242
2
33
10
2525
5
38
6
75
11
3333
1
32
4
45
7
123

Rechne mit Plus. Achte auf die Farben!

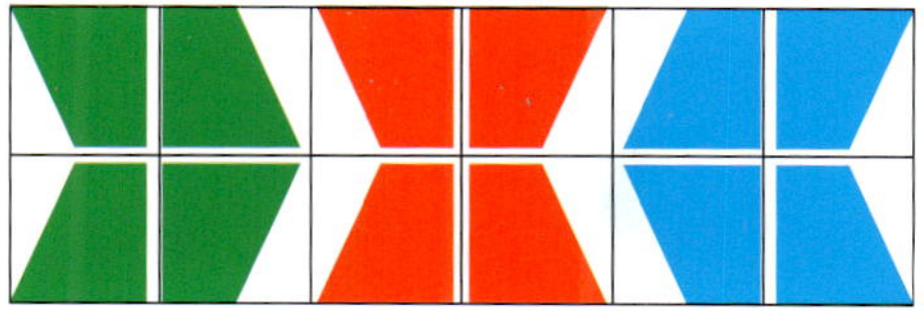

12	9	9	11	6	5
5	6	8	10	7	12

1
2
3
4
5
6
7
8
9
10
11
12
13.58

Der Unterricht endet um 14 Uhr. Wie viele Minuten fehlen auf den einzelnen Uhren noch bis dahin?

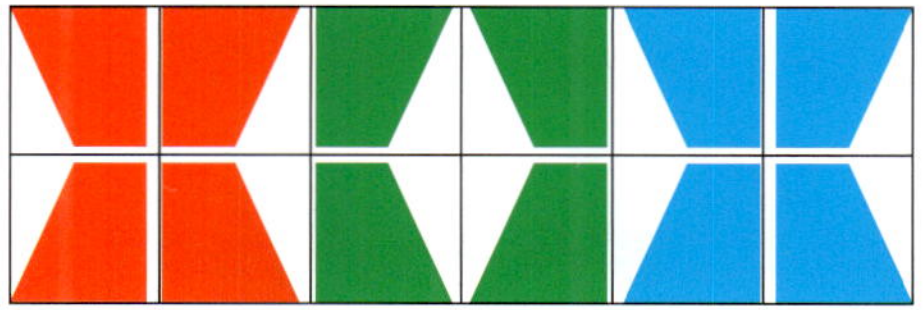

11 min	4 min	12 min	1 min	2 min	3 min
7 min	10 min	6 min	5 min	8 min	9 min

1
1,20€
2
0,50€
3
1,00€
4
0,20€
5
0,99€
6
0,10€
7
0,09€
8
1,30€
9
0,05€
10
0,55€
11
0,70€
12
0,80€
DIE ENTE

Wie viel kosten die einzelnen Süßigkeiten? Ordne die Münzen zu!

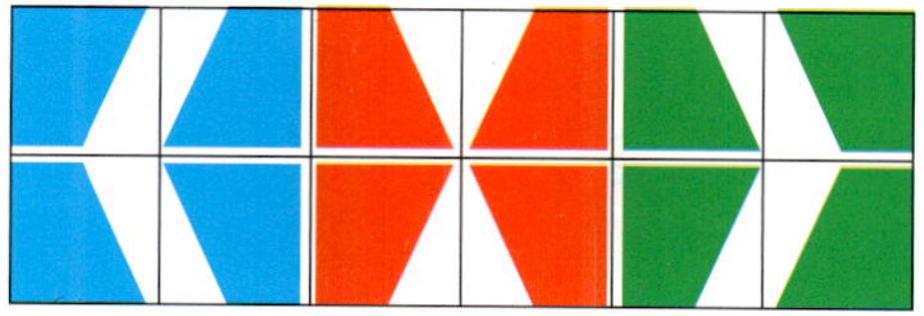

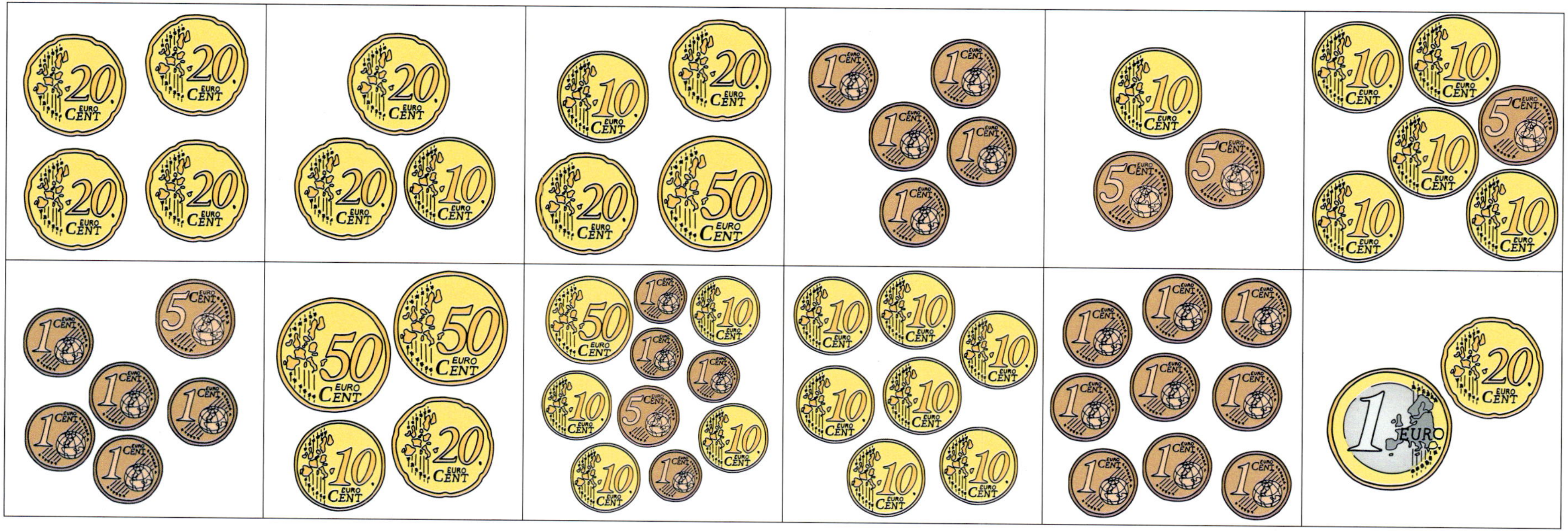

4
8
3
10
2
12
9
5
1
11
7
6
1 Punkt
2 Punkte
3 Punkte
4 Punkte
5 Punkte

**Die drei Freunde spielen mit Murmeln.
Rechne die Punkte zusammen!**

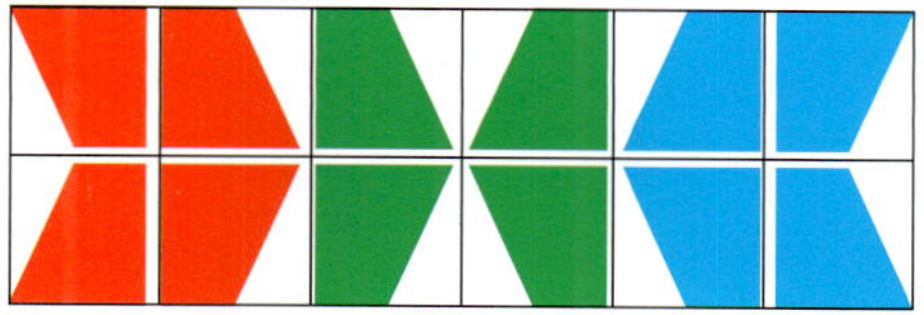

 13	 4	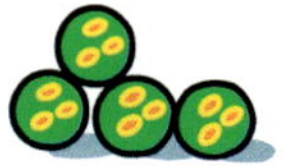 8	 3	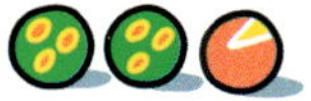 5	 15
 6	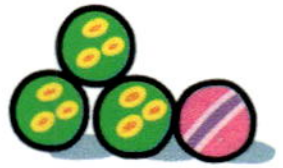 10	 9	 8	 12	 11

2.
uhr
12
10
zimmer
tüte
9
essen
11
7
R-ll-r
5
R-nzen
8
T-m-t-
T-f-l
6
3+5=
2
4
1
5+5=
2+5=
4+1+1=
3
Mi

Hilf den drei Freunden bei den Hausaufgaben!

10	7	a o e	Stopp-	6	Schul-
o e	Kinder-	8	a e	a	Mittag-

1
2
10
11
12
8
4
5
3
6
9
7
M